HF 371177

PRECIS
ET OBSERVATIONS
TRÈS-INTÉRESSANS,

Pour le bien général de l'Empire François, adressés à son Auguste Assemblée Nationale, par ANTOINE DE LA VALETTE, Avocat, ami des sciences,

POUR ET EN FAVEUR

Des sieurs JEAN - BAPTISTE - BENOIT REVEL, rue de la Croix, n°. 10.

MATHIEU O. HILLBRONNER.

JEAN-JACQUES DESSALE,

Tous trois Artistes demeurans à Paris.

De toutes les offres & propositions faites jusqu'à ce jour à la Nation, il n'en fut jamais de plus essentielles, de moins douteuses, & qui

A

méritaffent autant de fixer l'attention de fes Repréfentans, dans les circonftances actuelles, que celles refpectueufes de ces trois Artiftes, auffi favans que généreux, & qui ont déjà acquis des droits à la reconnoiffance publique, en fe dévouant tout entiers, & fans réferve, au bonheur commun de la France.

Subir des épreuves rigoureufes, des examens férieux & publics, & donner des preuves conftantes de leur capacité & aptitude : voilà ce qu'ont droit d'exiger ceux qui ne cherchent point à en impofer par des difcours vains & étudiés, par des emphafes & des fophifmes.

Refufer cette fatisfaction, cette marque d'attention, ou plutôt cet acte de juftice à ceux qui ofent y prétendre, parce qu'ils croyent les mériter, feroit, fans les convaincre de leur témérité, les taxer tacitement de Charlatans ambitieux, qui n'en impofent fpécieufement que par des apparences trompeufes, par rapport à l'honneur & au bien de l'Etat.

Ce feroit éteindre & abolir l'émulation & l'encouragement, qualité fi aimable, due à la nature humaine, & qui feule fait le bonheur & la richeffe d'un Empire, par tous les arts qui s'y difputent à l'envi l'honneur d'y exceller.

Nous ne sommes plus dans ces temps d'horreur & d'inquisition, où l'homme savant, celui qui eût été du plus grand secours à sa Patrie, étoit obligé de taire des talens respectables par leur su_blimité, (fruit d'un laps de temps d'études austères & pénibles, de recherches, d'épuisement de santé & de fortune,) ou d'encourir les risques de perdre sa liberté, ou de s'expatrier. Dans ces temps d'injustice, où les droits de l'homme étoient, sinon ignorés par tous, au moins violés & outragés; où le Savant sans appui avoit la douleur de voir usurper ses droits, attribuer à l'inepte, mais protégé par l'iniquité, l'ouvrage de trente années, tandis que l'Auteur honnête végétoit dans le silence, en dévorant ses afflictions; tandis aussi que l'Académicien même, & ces hommes vils., dont l'effronterie & l'audace égalent l'ignorance & la bassesse, ne s'occupoient qu'à ourdir contre lui des trames en tous genres, pour lui faire éprouver des vexations humiliantes. Enfin, combien de malheureuses victimes n'ont-elles point été en proie aux caprices & à la mauvaise foi des uns, & sacrifiées à la fureur & à la cupidité des autres? Au moyen de la facilité des places & préférences, que le poids seul de l'argent obte-

A 2

noir ; il est inutile d'en rapporter ici des millions d'exemple, dont le souvenir seul fait frémir. On seroit tenté de dire qu'il falloit alors être faux, artificieux, & téméraire. Mais, ciel ! quel agréable changement.

Si la providence, à qui rien n'échappe, semble abandonner l'homme comme maître de ses actions pendant un temps, ce n'est donc que pour éprouver sa conduite, afin de la lui faire sentir plus rigoureusement dans un autre ?

C'est donc de cette époque à jamais mémorable, où les François, par les lumières & la sagesse de leurs dignes pères & Représentans, ont donné à tous les Peuples policés de la terre, le spectacle imposant de la régénération des mœurs sociales, où le génie national, dégagé des entraves du préjugé, & de l'humiliante servitude, a su replacer l'homme dans le rang que la nature lui a marqué, & vient enfin de porter le coup mortel à l'hydre du despotisme. Chaque Citoyen rendu à sa liberté primitive, se tiendra heureux de n'être plus considéré dans la société que par ses talens, ses connoissances & ses travaux ; l'homme instruit, épuisé par des veilles, par l'étude, par des recherches, des voyages & des frais, ne sera plus confondu avec l'ignorant avide & mercenaire, qui n'obtenoit pas feulement d'un gouvernement corrompu, une rivalité humiliante & décourageante; mais même le droit odieux & révoltant de l'exclufion.

Ce n'eft que par le moyen de la chymie que les plus célèbres Artiftes font parvenus à atteindre le haut degré de perfection de l'art métallique. C'eft pour cette raifon qu'on va fe permettre d'en tracer ici rapidement un léger développement.

Intentionne veri chymici.

La véritable chymie, telle que nos ancêtres l'ont pratiquée, eft abfolument une fcience occulte, & l'origine de toutes les autres fciences, comme la méchanique invariable', l'âme incorruptible de toutes chofes, & qui donne à l'homme fenfé des idées d'élévation vers le Ciél, pour définir le cours des aftres, leur influence qu'ils communiquent à la terre, & qui exigent une étude auffi profonde que perfévérante, pour pouvoir pénétrer dans la nature, & fouiller dans les entrailles de la mère nourricière *terra*, & généralement bien connoître *tria regna*..

Dès-lors il s'agit, avec un jugement sain, pré-
coce & physique, d'apprécier leur vertu passive & ac-
tive, & savoir définir leurs moyens fixes par leur
essence particulière, que le Très-Haut a doué à
un chacun de ces trois règnes, qui, tous en leur
unité, renferment en eux les trois principes de
la nature, lesquels dans les animaux & végé-
taux sont corruptibles, même les trois principes
de l'homme, quoiqu'il soit reconnu dans la vraie
philosophie pour métallique, néanmoins ces principes animaux sont périssables ; il n'en est pas de
même dans les minéraux & métaux : c'est-là où
l'Artiste doit nécessairement se munir, s'il ne veut
point errer, des yeux de la plus grande & de la
plus vive pénétration, pour observer de près, &
ne pas confondre, *tria principia essentialia*, &
tria accidentalia, inconnus à la chymie ordinaire,
& aux Métallurgistes de ce siècle, qui ne sui-
vent que la route tracée de quelques Auteurs
modernes, dont *Sthal*, est le plus estimable,
d'après ses œuvres métallurgistes ; malgré cependant
qu'il n'ait donné aucune explication profonde sur
les principes de l'art, qui est la base fondamen-
tale ; car l'évidence en donne la preuve.

Qu'un Artiste sage mette en dissolution, noncorrosif, de ceux dont est question, le métail ou minéral qu'il jugera à propos ; infaillible dans ses premières manipulations , il trouvera *tria principia accidentalia* , qui font nuisibles à toutes choses. Mais s'il pourfuit en labor avec fageffe , indubitablement il découvrira l'unité dans *tria effentialia* , & qui ne feront visibles qu'après le développement du cahos ; puis en cheminant dans le fentier de l'art , il pourra divifer & analyfer les élémens , & mettre au jour quelque chofe d'utile à fon femblable & à fa Patrie.

Voulant, autant qu'il est possible , éviter la prolixité , l'on va s'attacher à démontrer fuccinctement les inconvéniens & dangereux effets du cuivre , & en même-temps fon utilité infaillible par le fecours de l'art.

De tous les métaux , il n'en est pas de plus pernicieux & de plus nuifible à la fanté de l'homme, que le cuivre ; parce que , outre le vert-de-gris qu'on lui connoît , il renferme encore des matières arfénicales , hétérogênes & vitrioliques ; & enfin le cuivre dans fon principe est pauvre en fel & en mercure ; mais trop abondant en fouffres grof-

A 4

fiers. Pour être convaincu de cette vérité palpable, il suffira de s'arrêter un moment sur l'explication méthodique des sept métaux, familière aux Artistes qui ont pensé, pour être exacts & précis, devoir l'insérer à la fin de leur Précis. Les victimes de la violence du cuivre sont sans nombre; & l'on peut dire n'en avoir connu qu'une foible partie, qui cependant a donné lieu à divers Réglemens & Ordonnances de Police, qui tous ont défendu & prohibé l'usage de ce métail, cruel ennemi du genre humain, sur-tout dans les vaisselles de cuisine; il est vrai que pour éviter la perte totale des vases faits avec ce métail, on a restreint les défenses à l'étamage; mais malgré cette sage précaution de la part du Gouvernement, combien en est-il, sur-tout parmi les Aubergistes, qui ou par ignorance, ou par négligence, ou enfin par un vil intérêt, occasionnent, sinon la mort subite du voyageur, du moins lui donnent un poison lent, dont il ressent l'effet sans en connoître la cause.

D'après ces principes connus & expérimentés, pourroit-on dire avec raison que le cuivre monnoyé, souvent touché, & presque toujours porté, n'influe pas singulièrement sur la santé?

Combien d'enfans en bas âge, qui, ne connoif-
fant pas le danger, ont fouvent porté & laiffé
quelques minutes dans leur bouche, cette mon-
noie humide, & couverte de vert-de-gris ; &
qui, victimes de leur innocence, ont bientôt péri,
ou prefque toujours langui.

Si ces raifonnemens font phyfiques, appuyés
fur la faine raifon, & dictés par l'humanité,
combien font eftimables les Artiftes qui, par de
longues & profondes études, ont trouvé le moyen
infaillible de pourvoir à tous ces dangereux inconvéniens, en les arrachant de ce métal pour lui donner une beauté, qu'on peut dire furnaturelle, au
point de l'amener à un vrai blanc convenable, &
qu'il confervera comme s'il l'eût acquis du fein
même de la terre, s'il y fut refté plus long-temps
enfeveli, fans cependant donner à ce métail aucune couleur de teinture, ni aucune efpèce d'a-
malgame.

Ce qu'il y a encore de plus admirable, &
qui doit militer davantage en faveur de fa bonté,
c'eft que plus il fera travaillé, plus il acquerra de
beauté & de perfection ; tandis que tant d'autres,

préparés par des moyens artificieux & fophiftiques, ne flattoient que pour un moment l'œil de l'amateur, puis bientôt fe décompofoient & perdoient leur mérite.

Les Artiftes dont il s'agit, n'ayant à préfent d'autre deffein pour objet que celui d'être affez heureux pour mériter la confiance honorable de l'Affemblée Nationale, afin d'être admis à donner des preuves, & de leur capacité, & de leur bonne volonté, ofent affurer avec une fincérité la plus refpectueufe, que leur métail eft pure, malléable, & fufceptible d'être frappé & de recevoir les effigies convenables,

Ce numéraire, s'il avoit lieu, non-feulement accompagneroit les affignats pour le bonheur de l'Empire, mais faciliteroit le commerce, fur-tout dans le Marchand détaillant ; préviendroit le murmure en calmant l'inquiétude des ouvriers, finguliérement de ceux occupés dans les différentes manufactures, & qui ne peuvent-être payés qu'avec du papier-monnoie, avec lequel ils ne peuvent fe procurer les befoins urgens & minutieux de leur fubfiftance.

De plus, ce superbe & unique métail, (puisqu'il peut s'allier avec l'argent) & qui pourra être employé avec succès à tout ce dont on voudra en faire usage, aura un double avantage bien digne de l'attention de l'Auguste Assemblée Nationale, pour le bien général ; ce sera celui de faire indubitablement rentrer le numéraire fin dans la caisse nationale, & d'en empêcher, à l'avenir, l'accaparement à l'Etranger ; à moins que ce ne fût par lingots, avec remise de place en place.

Cependant il est du devoir des Artistes, pour écarter jusqu'au plus leger soupçon de charlatanisme & de prévention, qu'ils ne connurent jamais, d'avoir l'honneur d'observer que l'échantillon qu'ils offrent de leur cuivre blanc, n'a pas encore atteint le degré de perfection où ils peuvent & veulent l'amener lorsqu'ils en auront le pouvoir ; mais ils croyent qu'il est suffisant pour prouver la possibilité.

Ces mêmes Artistes voulant encore donner des preuves constantes de leur amour pour le patriotisme, joindront à l'avantage qu'ils offrent à la France ; celui de procurer avec le même zèle, la manière moins difpendieufe & la plus claire, d'exploiter différentes mines dont ils connoiffent les découvertes.

Pénétrés du plus grand refpect, attachés à l'honneur & à la fidélité de la promeffe folemnelle qu'ils font d'exécuter ponctuellement ce qu'ils ofent avancer, les Artiftes ont lieu de croire que leurs efpérances pour le bien public, feront couronnées d'un brillant fuccès. Ils font d'autant plus fondés dans cet efpoir auffi honorable, qu'il eft flatteur pour eux, qu'ils croyent avoir confulté tous les Auteurs, tant anciens que modernes dans l'efpèce, & notamment Lamerry, & l'Abbé Raynal, fur leur Traité de Chymie, & n'avoir rien vu qui puiffe leur enlever la gloire d'être les feuls poffeffeurs du plus beau don de la nature, &. qui, en fecondant les intentions pures, bienfaifantes, & vraiment paternelles des dignes Légiflateurs & Repréfentans de la Nation, leur donnera la douce fatisfaction de faire fuccéder à tous égards l'abondance à la rareté, la fécurité & le calme à l'inquiétude & aux agitations que ne doit plus connoître un Peuple devenu libre, par conféquent heureux ; & qui ne ceffera en triomphant de ses peines passées, de joindre sa reconnoissance à l'obéissance.

Assez..... ☉	Assez..... △+	Assez..... ☿	Contient. ☉ L'Or.
Peu....... ☉	Beaucoup. △+	Assez..... ☿	Contient. ☽ Argent.
Peu....... ☉	Peu....... △+	Beaucoup. ☿	Contient. ☿ Mercure.
Beaucoup. ☉	Beaucoup. △+	Peu....... ☿	Contient. ♂ Fer.
Peu....... ☉	Beaucoup. △+	Peu....... ☿	Contient. ♀ Cuivre.
Beaucoup. ☉	Peu....... △+	Beaucoup. ☿	Contient. ♄ Plomb.
Beaucoup. ☉	Peu....... △+	Peu....... ☿	Contient. ♃ L'Étain.

Natura enim naturam vincit.

Chez BAUDOUIN, Imprimeur de L'ASSEMBLÉE NATIONALE, rue du Foin-Saint-Jacques, N°. 31.